Caribouddhisme

Gary LAWLESS

Caribouddhisme

Poèmes traduits de l'anglais (États-Unis)
par Danièle Faugeras

« Lichens » de Florence Barbéris
(mine de plomb, estampage sur bois gravé)

érès
PO&PSY

CARIBOUDDHISME

Au début de juin 1995, Beth Leonard, Nanao Sakaki* et moi, nous nous sommes rendus à Terre-Neuve pour voir des icebergs, des caribous et des orignaux**.
En faisant route nous devisions, remarquant combien chaque lieu a ses propres messages, ses propres visions, ses propres enseignants et pratiques.
J'ai suggéré que nous devenions des caribouddhistes, déambulant avec les grands troupeaux, écoutant leurs histoires, goûtant la glace, et nous joignant à leur quête de lichens.
Ce livre est pour mes compagnons de route, Beth et Nanao.

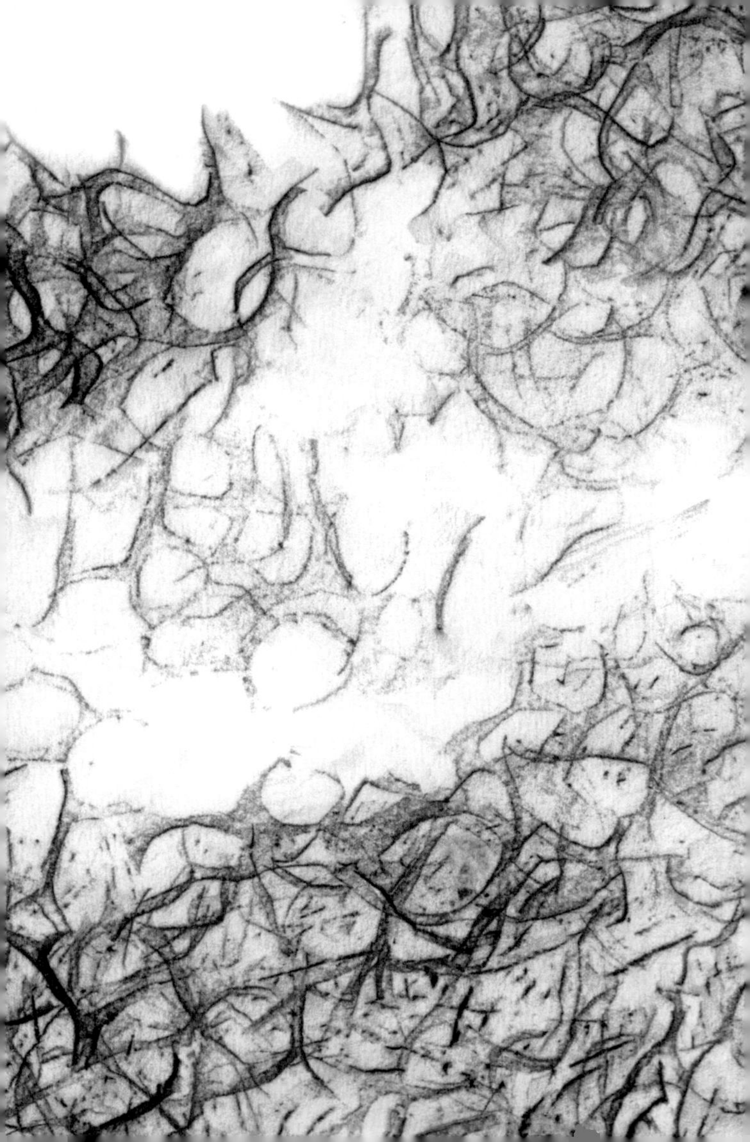

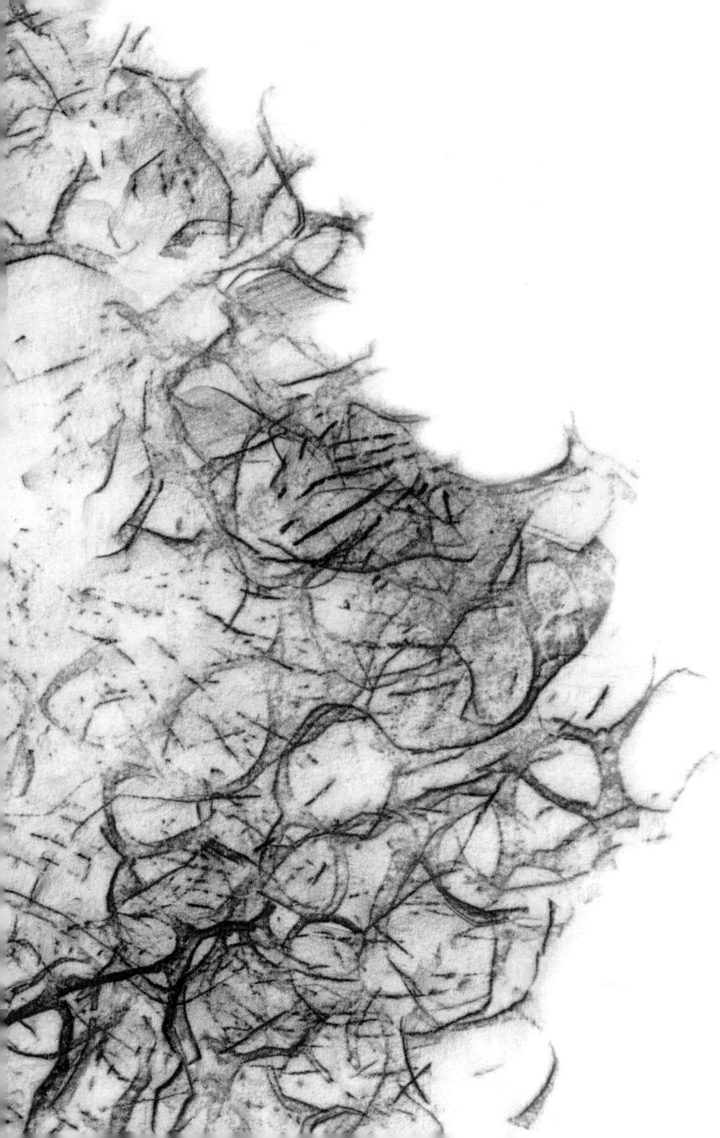

CARIBOUDDHISM

1 *The iceberg has come*
to speak with Nanao.
She is just beyond the window,
waiting beyond the light.
She has come a long way.
She has a message for us.
She is very shy.
If we look directly at her
she begins to melt away,
all that she
has to say, lost
to the light of
day, the wind, the
rocks, our eyes—
She begins to speak.
We must listen
very carefully.

2 *Tonight she comes as*
moose, no longer iceberg,
tiptoeing carefully
between the tents.
She is happy in darkness.

CARIBOUDDHISME

1 L'iceberg est venu
parler avec Nanao.
Il est juste derrière la fenêtre,
attendant au-delà de la lumière.
Il a parcouru un long chem n.
Il a un message pour nous.
Il est très timide.
Si nous le regardons directement
il commence à fondre,
tout ce qu'il
a à dire se perd
dans la lumière du
jour, le vent, les
rochers, nos yeux...
Il commence à parler.
Nous devons écouter
très attentivement.

2 Ce soir, il vient en tant qu'
orignal, plus comme iceberg,
marchant prudemment sur la pointe des pieds
entre les tentes.
Il est heureux dans l'obscurité.

She is looking for Nanao.
She wants to enter
his dreams.

3 *Today she is standing*
beside the road
in a patch of bog and
dirty snow.
She is the color of glacier,
iceberg, snow and
light.
She turns and
disappears,
into the woods.
She is caribou,
she is iceberg,
she is message
and dream.

Twillingate / Terra Nova / Gros Morne
Newfoundland

Il cherche Nanao.
Il veut entrer dans
dans ses rêves.

3 Aujourd'hui, il se tient
près de la route
sur une plaque de tourbe et de
neige sale.
Il est la couleur du glacier,
iceberg, neige et
lumière.
Il tourne et
disparaît,
dans les bois.
Il est caribou,
il est iceberg,
il est message
et rêve.

Twillingate / Terra Nova / Gros Morne
Terre-Neuve

Every stump is sacred.
Every stump a saint.
Every silted river a church to which
the pilgrim salmon return.
Every breath of wind a love song.
We worship in wetlands,
bow to the fern, the rock,
the holy salamander,
the blood of sweet water,
the body of moss.

Chaque souche est sacrée.
Chaque souche, une sainte.
Chaque rivière envasée, une église où
le saumon pèlerin revient.
Chaque souffle de vent, un chant d'amour.
Nous vénérons les marécages, nous
nous inclinons devant la fougère, le rocher,
la salamandre sacrée,
le sang de l'eau douce,
le corps de la mousse.

The soil is dreaming of trees.
The trees are dreaming of wind.
The wind is dreaming of clouds.
The clouds are dreaming of water.
The water returns to the earth
Without trees, the soil washes away.
The wind blows over barren ground,
and the dreams of the world are broken.

Le sol rêve d'arbres.
Les arbres rêvent de vent.
Le vent rêve de nuages.
Les nuages rêvent d'eau.
L'eau retourne à la terre.
Sans arbres, le sol est emporté.
Le vent souffle sur une terre stérile,
et les rêves du monde sont brisés.

Somewhere within the shell mound

a dog is barking.
seals turn their ears
to the sound.
sand through our hands
drifts, plants
move along the ground –
to wear copper and bone,
left alone
for two thousand years.
it is where we come to
on this sunny day,
stick our hands
deep into shell and
sand, strike bone,
touch land again,
make the wind,
make the rain.

Quelque part dans le tas de coquillages
un chien aboie.
les phoques tournent leurs oreilles
vers le son.
le sable à travers nos mains
s'écoule, les plantes
rampent sur le sol –
pour porter cuivre et os,
laissés seuls
pendant deux mille ans.
c'est là que nous venons
en ce jour ensoleillé,
enfoncer nos mains
profond dans les coquillages et
le sable, trouver l'os,
toucher terre à nouveau,
faire le vent,
faire la pluie.

EEL GRASS, SEARS ISLAND

hard to be lonely
in the lushness of eel
grass, feeling the ocean's
ebb and flow –
hard to know
want or hurt or
waste, here below
the sun, the sky,
the water's
edge of grass and
mud and
moving with
the moon –
hard to know
the hearts of men, those
who would fill and spill
and kill all below
their own shallow depth of heart, their
line of sight –
hard to know these hearts,
hard to be alive,
hard to survive
in the face of their
rush toward riches,
toward death.

ZOSTÈRES, SEARS ISLAND

dur d'être seul
dans la luxuriance des
zostères, sentant le flux et le reflux
de l'océan –
dur de connaître
besoin ou blessure ou
perte, ici sous
le soleil, le ciel,
le rivage
d'herbe et
de boue et
bougeant avec
la lune –
dur de connaître
le cœur des hommes, ceux
qui voudraient envahir, se répandre
et tuer tout ce qui est en dessous
de leur propre, si peu profonde, profondeur
de cœur, de leur
ligne de mire –
dur de connaître ces cœurs,
dur d'être vivant,
dur de survivre
en face de leur
ruée vers la richesse,
vers la mort.

FOR THOSE WHO WOULD COMPROMISE THE FOREST

the spirits of the lost trees,
the spirits of the plants,
the moss spirits, the rock spirits
consign you to a hell of
no birds, a dry spare hell where
your name will not be known –
you will be known as desolation,
ruiner of planets, the lonely soul who
lives without the friendship of life,
without the solace of species –
the ghosts of those you have
pushed aside will follow you as
you move toward dryness, dust
and empty skies –
surely goodness and mercy will
leave your wretched life untouched
as you dwell forever in
a land without life,
trying to remember the sound
of birds, the sound of wind,
the sound of your own heart.

À CEUX QUI VEULENT TRANSIGER AVEC LA FORÊT

les esprits des arbres disparus,
les esprits des plantes,
les esprits de la mousse, les esprits de la roche
vous condamnent à un enfer
sans oiseaux, un enfer sec et aride où
votre nom ne sera pas connu –
vous serez connu comme désolation,
ravageur de planètes, l'âme solitaire qui
vit sans l'amitié de la vie,
sans le réconfort des espèces –
les fantômes de ceux que vous avez
évincés vous suivront quand
vous irez vers la sécheresse, la poussière,
les ciels vides –
sûr que la bonté et la compassion
laisseront indemnes vos misérables vies
quand vous vivrez à jamais sur
une terre sans vie,
essayant de vous rappeler le son
des oiseaux, le son du vent,
le son de votre propre cœur.

GANODERMA

Every summer the tourists
rip the deep red mushrooms
from fallen hemlock and stumps.
Sometimes they carve their names.
Always they leave them to rot.
These same mushrooms, in Chinatown,
bring eighty dollars per pound.
Mushroom of immortality.
We cannot own these woods.
We cannot lay claim to the land.
He fell asleep, mushroom
in hand, dreaming of immortality,
flew above the trees, looking
down on his hut, his body, we
cannot lay claim,
even to that, the fruiting
body ripped from the
earth, dreaming of immortality.

GANODERMA*

Chaque été, les touristes
arrachent les champignons rouge foncé
des pruches* tombées et des souches.
Parfois, ils gravent leurs noms.
Toujours, ils les laissent pourrir.
Ces mêmes champignons, à Chinatown,
rapportent quatre-vingts dollars par livre.
Champignon d'immortalité.
Nous ne pouvons posséder ces bois.
Nous ne pouvons prétendre à la terre.
Il* s'est endormi, champignon
en main, rêvant d'immortalité,
il a volé au-dessus des arbres, regardant
en bas sa cabane, son corps, nous
ne pouvons pas prétendre,
même à cela, à cet appareil
sporifère arraché à la
terre, rêvant d'immortalité.

Summer and friends
come and go.
We complain about
the tick, the blackfly,
horsefly and mosquito.
Still complaining as we
fill the wetlands, dry
the vernal pools, drain
the fen, lose
the scrub oak, the fragile
places where
they begin to disappear.
Here are the names
we might never say again:
> *ringed boghaunter, katahdin arctic,*
> *clayton's copper, pygmy snaketail,*
> *twilight moth.*

Summer is a long season
when you're never coming back.
Monarch rising from milkweed,
headed for Mexico,
goodbye.
Someday we will
all be here alone or
someday we will all be
here, together.

Été et amis
vont et viennent.
Nous nous plaignons de
de la tique, de la mouche noire,
du taon et du moustique.
Nous nous plaigons encore quand
nous comblons les marécages, asséchons
les mares vernales*, drainons
les marais, faisons périr
les chênes à feuille de houx, les endroits
fragiles où
ils commencent à disparaître.
Voici des noms
qu'il se pourrait que nous ne disions plus jamais :
boghaunter annelé, katahdin arctique,
cuivré de la potentille, queue de
serpent pygmée, teigne crépusculaire.
L'été est une longue saison
quand on ne va plus jamais revenir.
Monarque**, toi qui t'élèves de l'asclépiade***,
te dirigeant vers le Mexique,
au revoir.
Un jour, nous serons
tout seuls ici ou
un jour, nous serons tous
ici, ensemble.

Some clear night like this,
when the stars are all out and shining,
our old dogs will come back to us,
out of the woods, and lead us
along the stone wall to the cove.
There will be foxes, and loons,
and a houseboat floating on the lake.
The trees will lean in, a lantern
swinging over the water, the creaking of oars.
Now we will learn the true names of the stars.
Now we will know what the trees are saying.
There is wood in the stove.
We left the front door open.
Does the farmhouse know
that we're never coming back?

Par une nuit claire comme celle-ci,
où les étoiles sont toutes sorties et brillent,
nos vieux chiens reviendront vers nous
sortant des bois, et nous conduiront
le long du mur de pierre jusqu'à la crique.
Il y aura des renards, et des huards*,
et un bateau-maison flottant sur le lac.
Les arbres s'inclineront, une lanterne
se balançant au-dessus de l'eau, le grincement
des rames.
Maintenant, nous allons apprendre les vrais
noms des étoiles.
Maintenant, nous allons savoir ce que disent
les arbres.
Il y a du bois dans le poêle.
Nous avons laissé la porte d'entrée ouverte.
La ferme sait-elle
que nous ne reviendrons jamais ?

I will rest my head on the moss

in the secret place where the ladyslippers bloom,
where the deer will bring me mushrooms,
where the granite heart of the earth beats,
where plant sway and needle drop
are songs on a sweet wind,
where love is what moves us all,
held close to the warm earth,
where we are at peace, at rest.

Je reposerai ma tête sur la mousse
dans le lieu secret où fleurissent les sabots de
Vénus,
où les cerfs m'apporteront des champignons,
où le cœur de granit de la terre bat,
où le balancement des plantes et la chute des
aiguilles
sont des chants sur un vent léger,
où l'amour est ce qui nous anime, nous tous
qui nous tenons tout près de la terre chaude,
où nous sommes en paix, en repos.

HARBORSIDE

from here the bay rises to the sky.
the tide goes out and drops
over the edge into another world.
every day brings sun, stars, wind or rain.
we gather seaweed, dig in the soil,
carry wood and water.
for a while we are warm.
the moon rises clear and bright.
take us into the garden,
take us into the water, into
the night, the good
life, to build a life
like a garden –
the music we make with our hands,
the singing we make with our hearts.

HARBORSIDE

d'ici, la baie s'élève vers le ciel.
la marée se retire et passe
par-dessus bord dans un autre monde.
chaque jour apporte soleil, étoiles, vent ou pluie.
nous ramassons des algues, creusons le sol,
transportons bois et eau.
ça nous réchauffe un moment.
la lune se lève, claire et brillante.
emmène-nous dans le jardin,
emmène-nous dans l'eau, dans
la nuit, la bonne
vie, pour construire une vie
comme un jardin –
la musique, nous la faisons avec nos mains,
le chant, nous le faisons avec nos cœurs.

In the heart where
all paths cross,
cross and move on,
where all that we
love connects where
what is best, within us,
flies
on this day when
birds choose their mates,
when love flies out
into the world, rises
sharp eyed from
among the feathers
we hang in thin air, fragile,
part of everything,
love the wind which
carries us,
love the path
in the heart where
all paths cross.

Dans le cœur où
tous les chemins se croisent,
se croisent et poursuivent leur route,
où tout ce que nous
aimons est lié à
ce qu'il y a de meilleur, en nous,
vole
en ce jour où
les oiseaux choisissent leurs partenaires,
où l'amour prend son essor
dans le monde, s'élève
œil vif
parmi les plumes
nous planons dans l'air léger, fragile,
partie de tout,
nous aimons le vent qui
nous emporte,
nous aimons le chemin
dans le cœur où
tous les chemins se croisent.

CARIBOU SUTRA

We learn to be tender
with each other.
We learn to turn
and wait.
We cannot walk
alone for long.
We take our songs
out of the air,
and speak the language
of sun on the rocks
at the edge of the river.
We learn when to cross,
when to return.

SUTRA DU CARIBOU

Nous apprenons à être bons
les uns avec les autres.
Nous apprenons à nous transformer
et à attendre.
Nous ne pouvons pas marcher
seul trop longtemps.
Nous tirons nos chants
de l'air,
et parlons le langage
du soleil sur les rochers
au bord de la rivière.
Nous apprenons quand traverser,
quand revenir.

FOR PREBLE STREET

Sometimes the road keeps moving.
You can't just stand there,
you have to go with it –
Sometimes the road is a river,
under blue sky, winding
past the mountains, down
through the valley.
Somewhere there is a town –
and the river moves through it –
and we move through it like water –
smooth, fast, remembering
the cabin, the fire,
the open door,
and every goodbye we have said
to every place that ever mattered.
Sometimes the road keeps moving.
You can't just stand there,
you have to go.

POUR PREBLE STREET

Parfois, la route continue d'avancer.
On ne peut pas simplement rester là,
il faut aller avec elle –
Parfois, la route est une rivière,
sous le ciel bleu, serpentant
au-delà des montagnes, descendant
à travers la vallée.
Quelque part, il y a une ville –
et la rivière passe à travers elle –
et nous la traversons à l'instar de l'eau –
lisse, rapide, nous rappelant
la cabane, le feu,
la porte ouverte,
et tous les adieux que nous avons dits
à tous les endroits qui ont jamais compté.
Parfois, la route continue d'avancer.
On ne peut pas simplement rester là,
il faut y aller.

First thing I hear

Ravens (Old Grandfather)
sitka spruce, ancient cedar,
raven, duck, bald eagle.
I want to open myself to them all
hear what they have to say.
Learning to speak with raven.
Learning to breathe with ducks.
«We don't say anything bad about the animals»
that bear had put her in a trance.
The shaman saw their tracks, followed them.

Snowy mountain slopes in sunlight,
harbor under cloud.
Sea lions and gulls
mark the passage of herring.
Raven calls from a nearby tree.

Things are done to keep the balance.

Première chose que j'entends :
Corbeaux (Vieux Grand-père)*
épicéa de Sitka, cèdre ancien,
corbeau, canard, pygargue à tête blanche.
Je veux m'ouvrir à eux tous
entendre ce qu'ils ont à dire.
Apprendre à parler avec le corbeau.
Apprendre à respirer avec les canards.
« Nous ne disons pas de mal des animaux ».
Cet ours l'avait mise en transe.
Le chaman, ayant vu leurs traces, les suivit.**

Pentes enneigées des montagnes au soleil,
port sous les nuages.
Lions de mer et mouettes
marquent le passage des harengs.
Le corbeau appelle depuis un arbre proche.

Les choses sont faites pour garder l'équilibre.

Ken drives the jeep to Halibut Point.
We eat smoked salmon, watching the ocean.
Herring spawn has turned the water
milky white.
Hundreds of gulls gather, bald
eagles in treetops, sea lions, ravens.
Three humpbacks swim through,
close to shore.
We dip our hands in the water,
gather the delicate eggs,
taste the seed of the sea.

Ken nous conduit en jeep à Halibut Point.
Nous mangeons du saumon fumé en regardant
l'océan.
Le frai du hareng a rendu l'eau
d'un blanc laiteux.
Des centaines de mouettes se rassemblent,
pygargues à tête blanche à la cime des arbres,
lions de mer, corbeaux.
Trois baleines à bosse croisent,
non loin du rivage.
Nous plongeons nos mains dans l'eau,
recueillons les œufs délicats,
goûtons la semence de la mer.

After days of sitting on
driftwood beach rock,
birds too numerous to count,
watching for eagle,
listening for raven,
now, even though it is cold,
now, even though the wind is wet,
I begin to leave the ground.

Après des jours assis sur
un grès de plage en bois flotté,
– les oiseaux, trop nombreux pour être
comptés –
à guetter les aigles,
écouter les corbeaux,
maintenant, même s'il fait froid,
maintenant, même si le vent est humide,
je commence à quitter le sol.

Li wants to know
where the birds go
when it rains.
Out by the pulp mill
the harbor seals swim
in the effluent.
Log booms
skim the foam.
Trout rises for a fly.
Out on the horizon
the volcano
sits, quiet.

Li veut savoir
où vont les oiseaux
quand il pleut.
Dehors, près de l'usine de pâte à papier
les phoques communs nagent
dans l'effluent.
Les estacades de bois
écrèment l'écume.
Une truite monte à l'assaut d'une mouche.
À l'horizon
le volcan
siège, tranquille.

Walking along the trail I see beartracks.
I hear them, turn around
to see the bear behind me –
It is a sunny day but still
there is snow on the trail.
I think how pleasant it would be
to die here and become bear fat,
to climb back up the avalanche chute,
look back across the muskeg
to the volcano, where the ducks
go (they live there, inside, in
a duck village – will they someday
invite us to their duck dance?)

All alone in sunlight, in snow,
in fur.

Marchant sur le sentier je vois des traces d'ours.
Je les écoute, me retourne
pour voir l'ours derrière moi...
C'est une journée ensoleillée mais il y a
encore de la neige sur le sentier.
Je pense combien il serait agréable
de mourir ici et de devenir un gros ours,
de remonter le couloir d'avalanche,
de regarder au-delà de la tourbière
le volcan, là où devraient aller les
canards (ils vivent là, à l'intérieur, dans
un village de canards – nous inviteront-ils
un jour à leur danse des canards ?)

Tout seul dans la lumière du soleil, dans la neige,
dans la fourrure.

Reach into your chest and
pull out fishbone.
Reach into your heart and see
the tracks of brown bear.
The smoke is full of patterns,
paths crossing, migrations, spawning grounds,
the snag roost and tide pool.
Snow and cloud along the ridges
of your spine.

Pénètre dans ta poitrine et
retires-en l'arête de poisson.
Pénètre dans ton cœur et vois
les traces d'ours brun.
La fumée est pleine de motifs,
chemins de traverse, migrations, frayères,
chicot-perchoir et bassin de marée.
Neige et nuages le long des crêtes
de ton épine dorsale.

return the bones to moving water
moving water like prayers
prayers like colored ribbons
among the trees
prayers like the bird you hear,
but can't see
prayers moving like water
return the bones, like prayers.

les arêtes retournent à l'eau en mouvement
eau en mouvement comme des prières
prières comme des rubans colorés
parmi les arbres
prières comme l'oiseau que l'on entend
mais que l'on ne peut voir
prières en mouvement comme l'eau
les arêtes y retournent, comme des prières.

trying to find the language
of ravens,
we are late for the tide,
late for mass, late for the
sunrise, late for the mountain –
the trails are covered with snow,
or fast moving water, wind –
language falls from treetops,
from nets pulled up from the
bottom – a raven feather on
the rock – a shell in your
hand – something flies over –
conversation drifts

essayant de saisir le langage
des corbeaux,
nous sommes en retard pour la marée,
en retard pour la messe, en retard pour le
lever du soleil, en retard pour la montagne –
les sentiers sont couverts de neige,
ou d'eau turbulente, de vent –
le langage tombe de la cime des arbres,
des filets remontés du
fond – une plume de corbeau sur
le rocher – un coquillage dans ta
main – quelque chose s'envole –
la conversation dérive

Suddenly alive,
Raven brings me back.
Lulled by the water, duck talk,
mountains reaching
into my heart,
the bridge of dreams,
the snow covered life.
Raven's voice pulls me back,
awake, tells me:
You Pay Attention
If you want to hear the story
            put your hands in the water
If you want to hear the story
            watch where the wind carries us.

S'animant soudain,
le corbeau me fait reprendre mes esprits.
Bercés par l'eau, les canards parlent,
les montagnes atteignent
mon cœur,
le pont de rêves,
la vie couverte de neige.
La voix du corbeau me ramène en arrière,
en éveil, me dit :
Toi, fais attention
Si tu veux entendre l'histoire
            mets tes mains dans l'eau
Si tu veux entendre l'histoire
            regarde où le vent nous emporte.

WHICH WORLD

There is a path
winding between Sitka Spruce,
passing totem poles stolen
from their island homes,
emptied of ashes and bones,
placed along the trail.
In the distance, a volcano.
Raven flies
just above the surface of things, bald
eagle watching through layers of air and water
for the fish
passing through,
shining in the cold
river like light
from another world.
Everything moving, everything
moving to
come together, come together and
fall apart, again.
The water rushing.
The heart beating.

I am waiting for you
at the mouth of the river.

QUEL MONDE

Il y a un chemin
qui serpente entre les épicéas de Sitka,
passe devant des mâts totémiques* volés
à leur île natale,
vidés des cendres et des os,
placés le long du sentier.
Au loin, un volcan.
Le corbeau vole
juste au-dessus de la surface ces choses,
le pygargue à tête blanche guette à travers
les couches d'air et d'eau
le poisson
qui croise,
brillant dans la rivière
froide comme une lumière
venue d'un autre monde.
Tout est en mouvement, tout
est en mouvement pour
se rassembler, se rassembler et
se séparer, de nouveau.
L'eau se précipitant.
Le cœur battant.

Je t'attends
à l'embouchure de la rivière.

Dancing is language dreaming.
Poetry the way we move, through
the world, into the heart.
Wait for the moment
when the story chooses you.
You begin to dance and
nothing else matters,
the words start to come,
and we can't stop laughing.

La danse est un langage qui rêve.
La poésie, la façon dont nous bougeons,
à travers le monde, dans le cœur.
Attends le moment
où l'histoire te choisit.
Tu commences à danser et
rien d'autre ne compte,
les mots commencent à venir,
et nous ne pouvons cesser de rire.

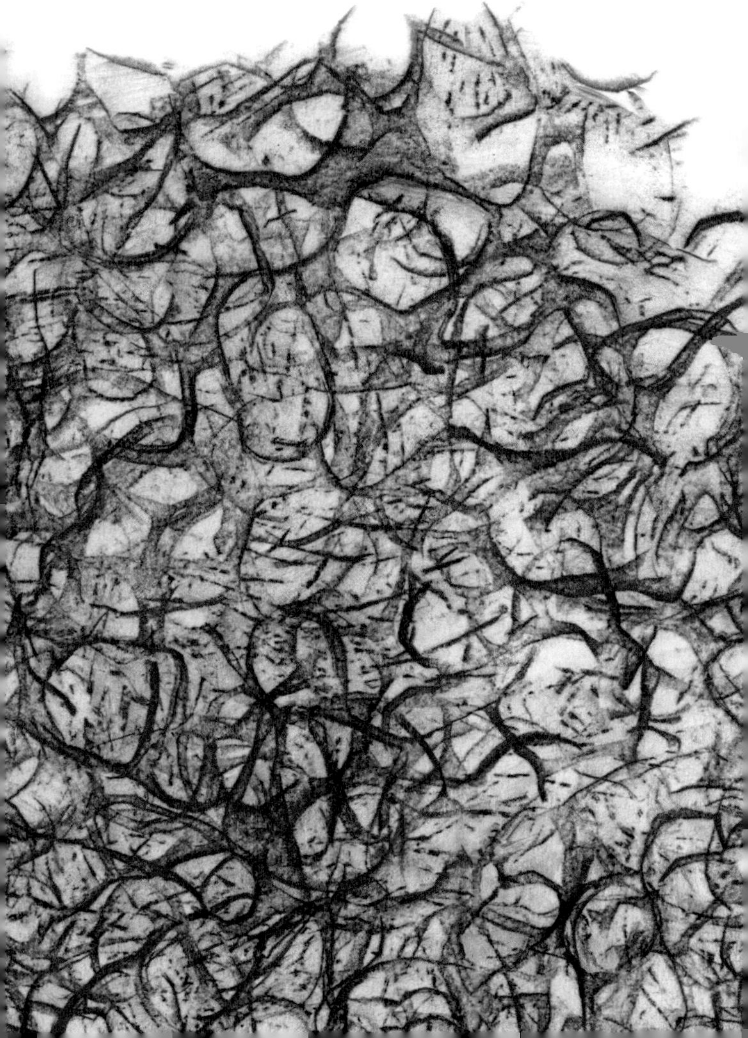

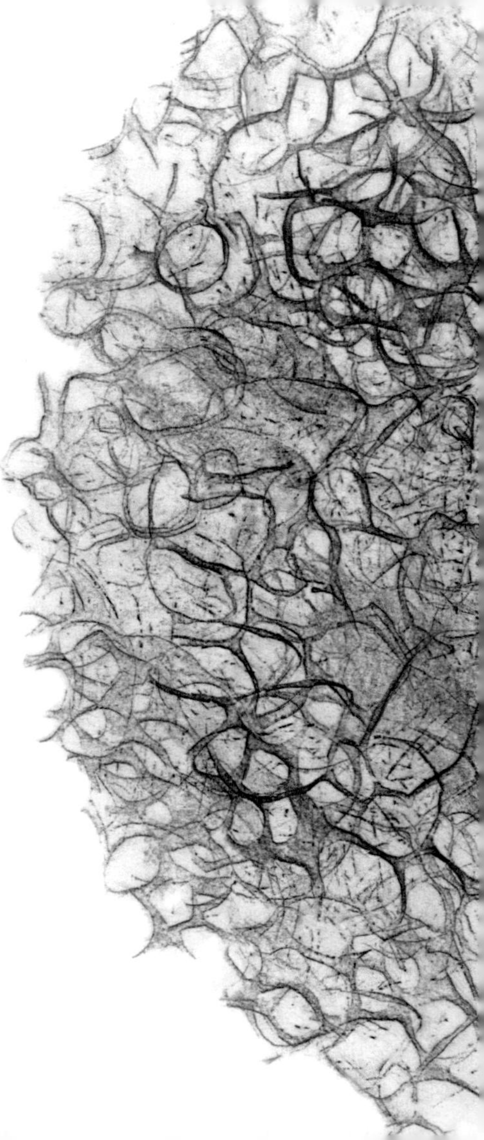

HOST ROCK

Isle Royale Fragments

ROCHE HÔTE*

Fragments de l'Île Royale

ISLE ROYALE

a place where the wolves are wanted,
where human beings bring our awkward
blessings to
moose bone, wolf scat, loon song.
where we allow ourselves to blossom
among marsh marigold, rock harlequin,
calypso orchid, labrador tea.
where we peel back layers of fog, moss,
rock itself –
Inside there is sunlight
Inside there is wolfsong
the light step of the moose,
berries waiting to ripen
where the wind never touches –
All this light
at the heart of things.

ÎLE ROYALE

un endroit où les loups sont recherchés,
où nous, êtres humains, nous apportons nos
maladroites bénédictions à
l'os d'orignal, à la crotte de loup, au chant du
huard.
où nous nous permettons de nous épanouir
parmi le souci d'eau, le canard arlequin,
le calypso bulbeux, le thé du Labrador.
où nous épluchons des couches de brouillard,
de mousse, de roche même –
à l'intérieur il y a la lumière du soleil
à l'intérieur, il y a le chant du loup
le pas léger de l'orignal,
les baies qui attendent de mûrir
là où le vent ne pénètre jamais –
Tout cette lumière
au cœur des choses.

Paddling home after the poetry reading,
10 PM and an hour to travel.
the sun has just gone down
leaving us beautiful light.
the lake is flat.
there is no breeze.
beaver slaps his tail.
various ducks and loons let us know –
once we hear human voices and see
a lantern in a cabin window
behind the islands –
let it get no darker
let it stay this calm
and we will travel all night,
longer, into this peace of
lake and sky coming together
somewhere, just beyond us.

Rentrant à la pagaie
après la lecture de poèmes,
22 heures et une heure de trajet.
le soleil vient de se coucher
nous laissant une belle lumière.
le lac est plat.
il n'y a pas de brise.
un castor tape de la queue.
divers canards et huards nous font savoir –
une fois nous avons entendu des voix humaines
et vu une lanterne à la fenêtre d'une cabane
derrière les îles –
qu'il ne fera pas plus sombre
que tout gardera ce calme
et que nous voyagerons toute la nuit,
et plus encore, dans cette paix du
lac et du ciel qui se rejoignent
quelque part, juste au-delà de nous.

water connects with water.
six days with little rain.
the moose is in the swamp.
ducks begin to speak.
We walk the ridgelines
thirsty for everything:
that yellow flower,
that bird overhead,
without knowing, we drink,
and leave with the island
inside of us.

l'eau est liée à l'eau.
six jours de petite pluie.
l'orignal est dans le marais.
les canards commencent à parler.
nous arpentons les lignes de crête
assoiffés de tout :
cette fleur jaune,
cet oiseau au-dessus de nos têtes,
sans le savoir, nous buvons,
et nous repartons avec l'île
à l'intérieur de nous.

layer upon layer of leaves settles slowly,
moss growing on top.
layer upon layer of lava flow,
minerals rising to fill the veins.
burned bare ridges and parallel bogs.
as we walk our minds
drop through layer after layer
the host rock:
tough, bare, essential.
the wind can't harm us.
the water, all around,
touches, touches,
waiting for the glacier.

couche sur couche les feuilles se posent lentement,
la mousse poussant au-dessus.
couche sur couche de coulées de lave,
minéraux s'élevant pour remplir les veines.
crêtes arides brûlées et tourbières parallèles.
tandis que nous marchons nos esprits
pénètrent couche après couche
la roche hôte :
dure, nue, essentielle.
le vent ne peut pas nous faire de mal.
l'eau est là, partout,
tout autour,
attendant le glacier.

I'm scared of the glacier.
It's coming back, I'm sure of it –
It was here before, several times –
It was cold this morning.
I'm sure I saw ice in the cove.
Are all birds flying away?
Everything seems to have fur.
Is that fog?
Are you sure that's fog?

J'ai peur du glacier.
Il va revenir, j'en suis sûr –
Il était là avant, plusieurs fois –
Il faisait froid ce matin.
Je suis sûr d'avoir vu de la glace dans la crique.
Est-ce que tous les oiseaux se sont envolés ?
Tout semble avoir de la fourrure.
Est-ce du brouillard ?
Es-tu sûr que c'est du brouillard ?

walking the ridgeline
saying goodbye to caribou, lynx, coyote,
saying goodbye to glacier,
mountain ash, canada yew,
walking the ridgeline
singing to the host rock
«Goodness is all around»
«Goodness is all around»

je parcours la ligne de crête
disant au revoir au caribou, au lynx,
au coyote,
disant au revoir au glacier,
au sorbier, à l'if du Canada,
je parcours la ligne de crête
en chantant à la roche hôte
« La bonté est tout autour »
« La bonté est tout autour »

Walking home at 10 PM

night before the solstice, full moon,
very pleasant walk to my
cabin hermitage when
oh no ! a hell of
candy wrappers toilet paper and
one two three four times
Jeff and Theresa
scratched into the rock –
May they die alone, never seeing each other
again, in a
swamp where their bones are
never found
We are an unwanted, introduced species.

Rentrant à pied à 22 heures
la nuit d'avant le solstice, pleine lune,
très agréable promenade vers ma
cabane-ermitage quand
oh non ! un infernal ramas de
papiers de bonbons papier hygiénique et
une deux trois quatre fois
« Jeff et Theresa »
gravés dans la roche –
Puissent-ils mourir seuls, sans jamais plus
se revoir, dans un
marais où leurs os ne seront
jamais retrouvés
Nous sommes une espèce importée, indésirable.

FOR THE EARTH WATCHERS

The bones of the saints
are carried from the cedar swamps
by pilgrims who return, year after year,
to seek out the holy sites of departure.
Here the moose spirit
has left its host rock.
How we lie down
sweet and hungry.

AUX GARDIENS DE LA TERRE

Les ossements des saints
sont rapportés des marais de cèdres
par des pèlerins qui reviennent, année
après année,
chercher des lieux saints de départ.
Ici l'esprit de l'orignal
a quitté sa roche hôte.
Comme nous nous couchons
amènes et affamés.

every beautiful morning of the world
I choose the fog,
I choose the wolf,
I choose to learn to walk again
on moss with the moose through
water in air,
water under foot,
breathing the breath of the world
on every beautiful morning.

chaque magnifique matin du monde
je choisis le brouillard,
je choisis le loup,
je choisis de réapprendre à marcher
sur la mousse avec l'orignal à travers
l'eau dans l'air,
l'eau sous les pieds,
respirant le souffle du monde
chaque magnifique matin.

Nothing but moosetrails in the mist,
today's fog and wind,
trees against sky.
I want to disappear into cloud,
wander my way to sunlight,
follow the moose down
secret trails in the woods
to reach the places where the wolves
rest above the ridges, within us,
where the heart wanders, wild.

Rien que des pistes d'orignal dans la brume,
aujourd'hui : brouillard et vent,
arbres contre ciel.
Je veux disparaître dans un nuage,
chercher mon chemin vers la lumière du soleil,
suivre l'orignal qui descend
les sentiers secrets dans les bois
pour atteindre les endroits où les loups
se reposent au-dessus des crêtes, en nous,
là où le cœur vagabonde, sauvage.

Deep inside the
rock becoming
fossil –
no longer here –
the wind keeps moving,
moose go on their way,
birds land, and leave –
clouds, fog, sunny days –
everything sinking slowly
into stone –
comes the day and we're gone
(no longer visible –
– harder and down –)

Profond dans la
roche qui
fossilise –
plus là –
le vent continue de bouger,
les orignaux poursuivent leur chemin,
les oiseaux atterrissent, et s'en vont –
nuages, brouillard, jours ensoleillés –
tout s'enfonce lentement
dans la pierre –
vient le jour et nous avons disparu
(plus visibles –
– plus durs et plus bas –)

These gifts the island gives:

the moose swimming across the harbor
the moon rising above fog
flowers along the trail
the sweet gift of birdsong you
can't wait for the island to come to you –
the gifts are given without warning.
You must be there watching, listening,
and the gift must move like water –
You must pass it on
in whatever way you fashion.

Ces cadeaux que l'île nous donne :

l'orignal traversant le port à la nage
la lune s'élevant au-dessus du brouillard
fleurs le long du sentier
le doux cadeau du chant des oiseaux tu ne
peux pas attendre de l'île qu'elle vienne à toi –
les cadeaux sont donnés sans prévenir.
Tu dois être là à regarder, à écouter,
et le cadeau doit bouger comme l'eau –
Tu dois le transmettre
de quelque manière que ce soit.

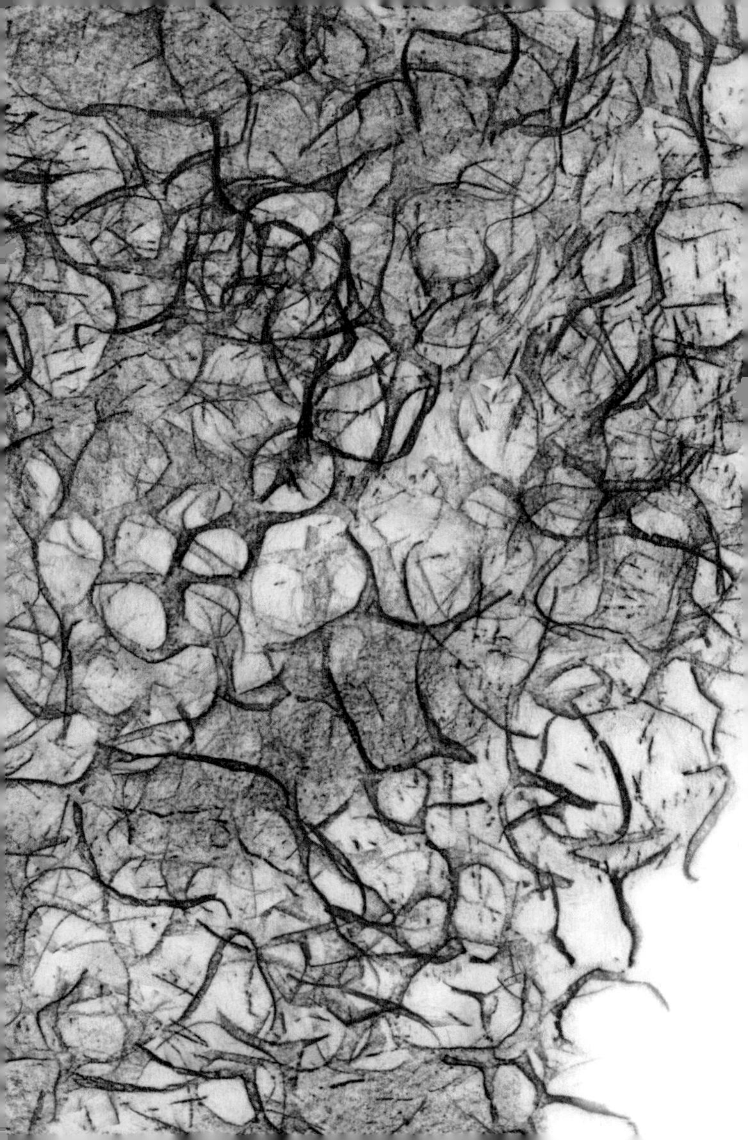

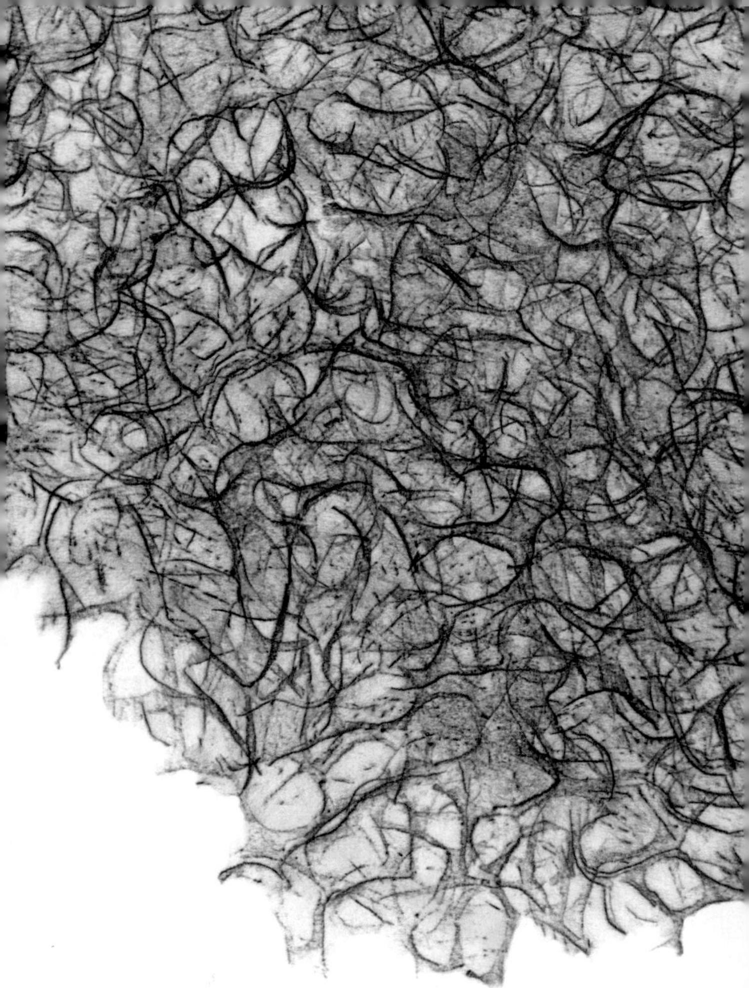

LOON POEMS
POÈMES SUR LES HUARDS

L'été dernier, j'ai participé à une étude de Maine Audubon* sur la productivité des huards. J'ai alors (puis à nouveau ce printemps) barboté deux heures durant tous les trois ou quatre jours pour fréquenter les huards, voir ce qu'ils trafiquent, ce qui les stresse, observer et écouter, et aussi passer du temps avec oies, tortues, balbuzards, aigles, castors, les lichens et autres amis autour du lac.

Mon ami le peintre-poète Stephen Petroff dit qu'il essaie de peindre les contenus de son cœur. Dans un poème datant d'il y a 20 ans, j'ai écrit que, tout comme les huards, il nous arrive parfois de « plonger et de réapparaître quelque part ailleurs ».

Ces petits fragments sont le fruit d'un barbotage, et d'une plongée, dans les contenus de mon cœur.

I
wild roses down
to the water
one loon alone
northeast of the island
cedarscent

II
bright daylily line
high on a hill
across the lake
oak breeze shoreline
trees, osprey
on Loon Island, again
watching, watching
loon calls
off to the east

III
train whistle breeze
through trees and
beaver down no
loons around

I

roses sauvages en bas
jusqu'à l'eau
un huard solitaire
nord-est de l'île
senteur de cèdre

II

ligne brillante de lis d'un jour
haut sur une colline
de l'autre côté du lac
chêne brise rivage
arbres, balbuzard
sur l'Île aux Huards, de nouveau
observant, observant
appels de huards
vers l'est

III

sifflet de train brise
à travers les arbres et
un castor en bas pas
de huards alentour

IV

water lily or
loon white
on the water both
bright
flowers flowers
on the surface of
this world

V

loons take our love
into the lake
hello hello
which is the
real world water
in all this darkness
the loons calling
goodnight goodnight
i love you

VI

every night now
i listen for loons
to hear their voices
to leave this body
to return to stars

IV
nénuphar ou
huard blanc
sur l'eau tous deux
brillants
fleurs fleurs
à la surface de
ce monde

V
les huards emmènent notre amour
dans le lac
bonjour bonjour
lequel est le
monde réel eau
dans toute cette obscurité
les huards appellent
bonne nuit bonne nuit
je t'aime

VI
chaque soir maintenant
j'écoute les huards
pour entendre leurs voix
pour quitter ce corps
pour retourner vers les étoiles

VII
(Belfast)
at the bridge
there are loons, swimming
these are my friends now
i have moved
away from this water
every night now
the loons
singing
everything solid
disappears

VIII
last night, in the moonlight
at least three loons
voices in the distance
beyond the edge of darkness

IX
voices
through the night
through trees, fields
moon light
voices through moonlight
loons over
water through
the night

VII
(Belfast)
au pont
il y a des huards qui nagent
ce sont mes amis maintenant
je me suis éloigné
de cette eau
chaque nuit maintenant
quand les huards
chantent
tout ce qui est solide
disparaît

VIII
la nuit dernière, au clair de lune
au moins trois huards
voix dans le lointain
au-delà de l'obscurité

IX
voix
à travers la nuit
à travers les arbres, les champs
la lumière de la lune
voix à travers le clair de lune
huards sur
l'eau à travers
la nuit

X
to be in the company of
these trees, these grasses
these rocks, this water
these birds
hello hello we
finish each other's
sentience

XI
siren on the highway
geese calling I'm
lashed to the mast

XII
pollen covered lake
3 loons, together, these
holy places, behind the islands

XIII
rockground north of the island
loons in sundown light
voices, across the water
wind blowing smoke

X

à être en compagnie de
ces arbres, ces herbes
ces rochers, cette eau
ces oiseaux
tiens tiens ! nous
finissons par être réceptifs
les uns aux autres

XI

sirène sur l'autoroute
les oies appellent je suis
attaché au mât

XII

lac couvert de pollen
3 huards, ensemble, ces
lieux sacrés, derrière les îles

XIII

sol rocheux au nord de l'île
huards dans la lueur du couchant
voix, de l'autre côté de l'eau
vent soufflant de la fumée

XIV

floating Deep Cove silence
we all dissolve, in shimmering -
and I learn that light
is alive

XV

dragonflies, calm water, loons
you tear a hole in the world,
take away the wind -
no words, there are
no words, just
water

XVI

two loons, before twilight
slipping away, into night
turtlesplash

XVII

wet granite
mallard flies by
close to the surface

XIV

silence flottant de Deep Cove
nous nous dissolvons, dans le
scintillement –
et j'apprends que la lumière
est vivante

XV

libellules, eau calme, huards
tu fais un trou dans le monde,
emportes le vent –
pas de mots, il n'y a
pas de mots, juste
de l'eau

XVI

deux huards, avant le crépuscule
filent, glissant dans la nuit
plouf de tortue

XVII

granite mouillé
un colvert passe
tout près de la surface

XVIII
august becoming september
one loon calls
in the middle of the night

XIX
pollen line on lake edge
wild iris, turtles and loons
paddling into birdsong
first day of summer

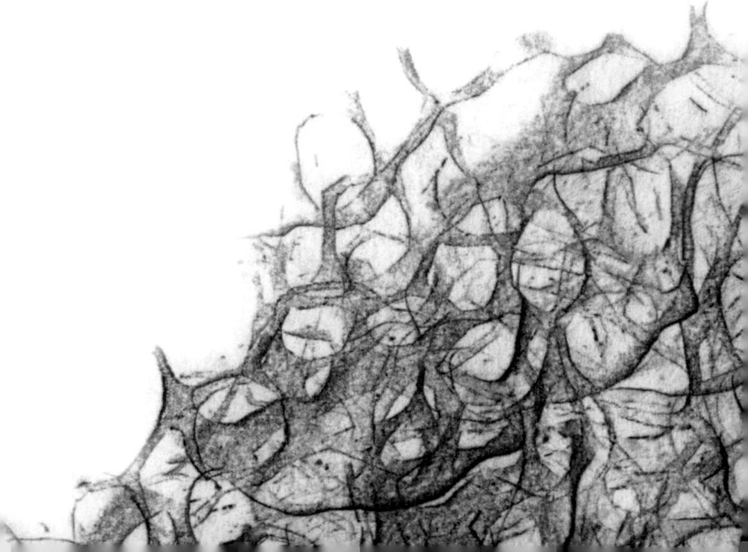

XVIII
août devenant septembre
un huard appelle
au milieu de la nuit

XIX
ligne de pollen sur la rive du lac
iris sauvages, tortues et huards
barbotant dans les chants d'oiseaux
premier jour d'été

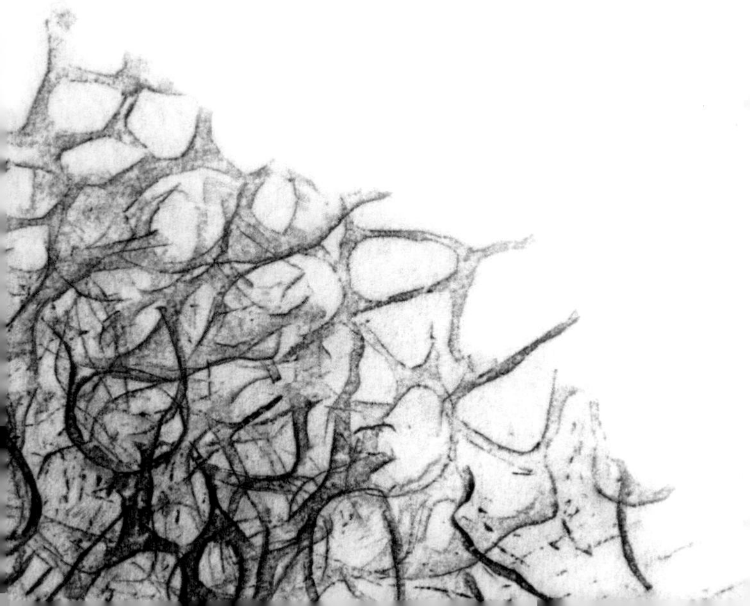

Notes

p. 3 ***Nanao Sakaki** (1923-2008), poète japonais qui se qualifiait lui-même de « Transnational Beat » en référence au mouvement Beat américain, est l'auteur de *How to Live on the Planet Earth*, que Gary Lawless a édité en 2013 dans sa maison d'édition Blackberry Books ; une version partielle bilingue anglais/français est parue en 2023 (éd. érès/PO&PSY *princeps*), suivie par l'édition de l'œuvre complète en version française (éd. érès /PO&PSY *in extenso* 2024).

** « **Orignal** » et « élan » sont deux termes utilisés pour désigner les cervidés du genre *Alces*. Le premier est utilisé en Amérique du Nord, le second en Europe. « Caribou », terme utilisé par les Canadiens pour désigner les membres de l'espèce *Rangifer tarandus*, vient de la langue micmaque : *xalibu* : "qui gratte avec sa patte". "Renne", du lapon *reino*, est venu plus tard.

p. 19 * **Ganoderma**, « champignon de l'éternelle jeunesse », est un macrochampignon saprophyte, considéré en Chine comme le « roi des champignons médicinaux ».

** La **pruche** est un arbre de la famille des Pinacées, originaire d'Amérique du Nord, qui pousse dans les forêts de feuillus à faible altitude sur des sols très humides.

*** « **Il** » fait ici référence au personnage représenté sur une peinture chinoise ancienne intitulée « Rêvant d'immortalité ». (N.d.A)

p. 21 * Les **mares vernales** sont de petites cuvettes temporaires peu profondes qui apparaissent au printemps lors de la fonte des neiges et s'assèchent durant l'été. Grenouilles et salamandres y trouvent un habitat optimal pour leur reproduction du fait de l'absence de poissons. Les étangs vernaux servent aussi de refuge pour plusieurs espèces végétales.

** Le **monarque** (*Danaus plexippus*) est un grand papillon présent en Amérique, célèbre pour ses migrations de grande ampleur (des groupes de millions d'individus se déplaçant deux fois par an, d'août à octobre vers le sud et au printemps vers le nord, sur des distances pouvant atteindre 4000 km).

*** Les **asclépiades** sont des plantes vivaces dont les fleurs en ombelles fournissent du nectar à de nombreuses espèces de pollinisateurs. C'est la plante hôte de certains insectes, notamment le papillon monarque.

p. 23 Le plongeon **huard** est une espèce d'oiseaux de la famille des Gaviiformes, nichant au Groenland, au Canada et dans certaines régions du Nord des États-Unis. En hiver, il fréquente les côtes du Pacifique et de l'Atlantique ou les grands lacs proches de la côte. De tous les plongeons, les huards sont ceux qui gagnent le moins souvent l'intérieur des terres.

p. 35 * ***Old Grandfather***, « Vieux Grand-Père » : titre attribué au corbeau par les peuples indigènes de la région en signe de respect. (N.d.A)

** Référence à un conte indigène ancien. (N.d.A)

p. 49 Un **totem** est un poteau monumental créé par les peuples autochtones de la côte du Nord-Ouest du Canada, qui présente l'histoire d'une nation, d'une famille ou d'un individu, et qui affiche leurs droits sur certains territoires et des aspects de leur culture. À partir du 19e siècle, le gouvernement fédéral chercha à absorber les Premières Nations en interdisant leurs pratiques culturelles. Jusqu'à l'abrogation, en 1951, de la « Loi sur les Indiens », les Européens se sont approprié les totems, les déplaçant de leurs implantations d'origine pour les amener dans des musées et des parcs du monde entier.

p. 53 **Roche hôte** ou paléosome : roche encaissante, qui entoure un minerai ou une autre roche.

p. 71 **Maine Audubon** est une réserve naturelle à Falmouth, dans le Maine. Depuis 1843, on y œuvre à la conservation de la faune et de la flore sauvages du Maine et de leurs habitats, en incitant les gens à s'impliquer dans l'éducation, la conservation et l'action. Le *Maine Loon Project* travaille depuis plus de trente ans à l'évaluation de la situation et à la sauvegarde de l'avenir de la population de huards.

Notices

Gary LAWLESS, né à Belfast dans le Maine (E. U.) en 1951, vit depuis 1986 à Nobleboro. Gary et sa femme Beth Leonard animent leur librairie *Gulf of Maine Bookstore* à Brunswick, dans le Maine, depuis trente-cinq ans. Ils dirigent également les éditions Blackberry Books.
Après avoir obtenu son diplôme au Colby College en 1973, Gary Lawless a passé un an en Californie pour y étudier l'écriture avec le poète Gary Snyder.
Il a enseigné la littérature environnementale au Bates College et a dirigé des projets d'écriture pour des personnes handicapées, sans abri et immigrants. Il a donné des lectures et animé des ateliers d'écriture en Italie, Slovénie, Lettonie, Lituanie, Allemagne et à Cuba. Il a été artiste en résidence à l'Island Institute de Sitka, en Alaska, au parc national de l'Île Royale, dans le Michigan, et au Cabot Trust dans le nord de Terre-Neuve et le sud du Labrador.
Gary Lawless est un poète largement publié, avec dix-huit recueils de poésie aux États-Unis et cinq en Italie, tous ayant pour thème commun l'intégrité et l'esprit écologiques.

Danièle FAUGERAS vit dans le Midi de la France. Elle se consacre depuis 2008 exclusivement à la poésie, partageant son activité entre écriture, traduction, édition et lectures publiques.
Elle a créé pour les éditions ERES et codirige depuis, avec Pascale Janot, la collection de poésie PO&PSY et l'association du même nom, qui en

assure la diffusion par la rencontre directe avec des publics variés.
Elle a publié une douzaine de recueils de poésie, le plus souvent en dialogue avec des artistes. Son œuvre poétique complète est parue en 2021 sous le titre *Opus incertum (1975-2020)* dans la collection PO&PSY *in extenso*.
Parmi les poètes qu'elle a traduits : Patrizia Cavalli, Paolo Universo, Issa, Santoka, Cid Corman, Nanao Sakaki, Pessoa, Li Qingzhao... Elle a aussi traduit et édité les œuvres poétiques complètes d'Antonio Porchia et Federico García Lorca.

Florence BARBÉRIS, née en 1964, vit et travaille à Aubais, dans le Gard. Elle a effectué des résidences en France et à l'étranger (Indonésie, Pologne, Corée, Laos, Vietnam, Danemark, Irlande, Québec...), des temps d'immersion complète qui continuent d'animer son travail. Des liens entre ces mondes se créent, des histoires se tissent et aident à avancer et à donner du sens.
Dernières expositions : musée de l'étang de Thau à Bouzigues, Carré d'art à Nîmes, Centre international d'art contemporain de Carros, musée-museum de Gap. Elle a collaboré à plus de 40 livres d'artistes.
Le dessin, la gravure, le monotype, les estampages, la photo, l'accompagnent dans ses recherches, un travail expérimental, souvent empirique, où le hasard tient une place importante.

www.florencebarberis.fr
instagram florencebarberis

Ce cinquante-deuxième volume princeps de la collection PO&PSY
dirigée par Danièle Faugeras et Pascale Janot
et publiée par les éditions érès pour le plaisir de leurs amis
a été achevé d'imprimer en mai 2025 sur les presses
de l'imprimerie Mondial Livre à Nîmes
www.mondial-livre.com

De cet ouvrage, composé en Avenir
et imprimé sur papier Bohème Tradition naturel
il a été tiré 300 exemplaires

ISBN : 978-2-7492-8079-0

33 av. Marcel Dassault, 31500 Toulouse
www.editions-eres.com